AF340019

NOTES

SUR LES

MOÏS DU BINH-THUAN ET DU KHANH-HOA

PAR

A. BRIÈRE

RÉSIDENT DE FRANCE AU BINH-THUAN ET AU KHANH-HOA

HANOI

IMPRIMERIE TYPO-LITHOGRAPHIQUE F.-H. SCHNEIDER

RUE DU COTON

1889

NOTES

SUR LES

MOÏS DU BINH-THUAN & DU KHANH-HOA

NOTES

SUR LES

MOÏS DU BINH-THUAN ET DU KHANH-HOA

PAR

A. BRIÈRE

RÉSIDENT DE FRANCE AU BINH-THUAN ET AU KHANH-HOA

HANOI

—

IMPRIMERIE TYPO-LITHOGRAPHIQUE F.-H. SCHNEIDER

RUE DU COTON

—

1889

NOTES

SUR LES

MOÏS DU BINH-THUAN & DU KHANH-HOA

---

1. — Tribus Moïs de Nha-trang et du Ninh-hoa (Khanh-hoa).

DIVISION ADMINISTRATIVE DES MOÏS DE KHANH-HOA

Les Moïs de Khanh-hoa, y compris Phan-rang, sont divisés administrativement ainsi qu'il suit :

Moïs de Phan-rang, huyen cham-d'An-Phuoc, 4 cantons, 14 ly, 59 sach.

Moïs de Nha-trang, (phu de Gieng-khanh) 17 sach.

Moïs de Binh-nguyen (huyen de Tan-dinh) Ninh-hoa 7 sach.

Moïs de Ha-de (de la plaine) :

2 Sach dans le phu de Gieng-khanh,
2 Sach   —   huyen de Tan-dinh,
2 Sach   —   phu de Ninh-hoa.

MOÏS DE NINH-HOA

Les Moïs de Ninh-hoa sont plus vigoureux, plus intelligents et plus fiers que les Moïs du Sud. Aussi les autorités annamites ont-elles dû maintefois compter avec ces tribus que le sentiment de l'indépendance rend parfois turbulentes et peu maniables.

Ainsi, l'impôt annuel moyen qui devrait être de 1,740 livres de cire, estimées à 880 piastres environ, n'est jamais payé en totalité. Tout au plus les fermiers (1) et sous fermiers parviennent-ils à en recueillir la moitié, en rusant et bataillant toute l'année, sans jamais oser employer la menace.

Lorsque, tant bien que mal, le fermier a obtenu des Moïs tout ce qu'il paraît possible d'en tirer, avis est donné aux mandarins.

RÉCEPTION DE L'IMPÔT ANNUEL DES MOÏS A TRUONG-SAP

L'un d'eux se transporte en grande pompe, et avec un apparat destiné à frapper l'imagination des sauvages, non pas au lieu ordinaire des transactions (Binh-nguyen à 15 kilomètres environ au N. O. du marché de Ninh-hoa) mais reste prudemment à 2 kilomètres de ce marché au lieu dit *Truong-sap*. Il reçoit les impôts en nature, dont les présents, pour les autorités provinciales et sa suite, augmentent singulièrement la valeur. Le tout est transporté à la citadelle, et la part qui revient à la Cour de Hué est empaquetée, cachetée et dirigée sur la capitale.

En retour, les Moïs sont conviés à un grand festin, dont les frais sont supportés par les fermiers et il se tient au même endroit, pendant 4 ou 5 jours, une sorte de marché franc ou de foire qui donne lieu à de nombreux échanges.

MODE DE TRAFIC AVEC LES MOÏS

Pour se dédommager de tous ses frais, le Thu-ngu loue à des sous-fermiers le droit de commercer dans telle ou telle région des montagnes, se réservant toujours la faculté d'écouler, par l'intermédiaire des sous-fermiers, une certaine quantité de marchandises.

Fermiers et sous-fermiers entretiennent, en outre, une population flottante de parasites qui, sous la dénomination de guides,

---

(1) Thu-ngu et Thuan-bien au Khanh-hoa, Thong-dich au Binh-thuan.

domestiques, etc., acceptent de transporter en plein pays Moï les marchandises du Thu-ngu avec autorisation de se livrer à un petit trafic pour leur compte personnel. Ils se font également les commissionnaires des particuliers et surtout des Chinois.

Il s'est ainsi formé aux environs de Binh-nguyen un véritable repaire de gens sans aveu, adonnés passionnément à l'opium, capables de tout, et dont la présence n'a pas peu contribué à la réputation d'insécurité et de pays mal famé dont jouit la vallée de Ninh-hoa.

Ainsi donc le trafic s'opère, soit directement par les Moïs qui viennent avec des chevaux de bât ou des éléphants chargés des produits d'échange, soit par les agents des fermiers qui ne reculent pas devant l'ascension des montagnes, et poussent vers l'Ouest jusqu'à 7 et 10 journées de marche.

On assigne généralement à chaque tournée commerciale chez les Moïs, une durée d'un mois (aller, retour et séjour).

Les gens du pays prétendent qu'en se dirigeant continuellement vers l'Ouest, on arrive, après 21 jours de marche, sur le bord d'un grand fleuve qui fait un grand coude vers l'Ouest pour se diriger ensuite vers le Sud. C'est probablement le Mékong aux environs de Kratieh.

PRINCIPAUX PRODUITS D'ÉCHANGE

Voici quels sont, de part et d'autre, les principaux produits d'échange.

Les Annamites procurent aux Moïs des gongs chinois et tonkinois.

GONGS CHINOIS

Les gongs chinois ont la forme de grandes plaques rondes, à rebord. Avant l'établissement de la douane française, ils coûtaient environ 25 $ la pièce. Depuis qu'on les introduit en contrebande, leur prix s'est élevé jusqu'à 40 et 45 $. (Il est à remarquer du reste que dans la statistique commerciale du bureau de la douane de Nha-trang, ce produit ne figure pas dans la liste des articles importés par voie de mer).

Le gong chinois est appelé dans le pays *mala*, on dit *mot mat mala* un gong.

GONGS DU TONKIN

Les gongs du Tonkin ont à peu près la même valeur que les gongs chinois, avec cette différence qu'ils sont vendus par jeu de trois : un grand, un moyen et un petit. Ils présentent de l'un à l'autre une différence, en diamètre, de 4 centimètres.

Ces gongs sont appelés *Con* et la réunion de trois gongs, qui doit produire, lorsqu'on les frappe, une résonnance harmonique spéciale se rapprochant des accords de la musique Moï, se désigne sous le nom de *Mot bo Con*. — Un rythme de *con*. — Un *Bo-con*, bien assorti et donnant de beaux sons. se paie aussi cher qu'un *Môt mat mala*. La valeur diminue si le diamètre du grand gong est inférieur à 60 centimètres, et elle augmente proportionnellement à ce même diamètre.

Ces gongs sortent des fonderies de Hanoi et de Nam-dinh et présentent au centre un renflement hémisphérique de 10 à 15 centimètres sur lequel on frappe avec une sorte de maillet rembourré.

Les Moïs sont grands amateurs de ces deux espèces de gongs qui constituent certainement le produit d'échange le plus apprécié et permettent d'obtenir facilement de l'ivoire, des chevaux et même, mais très rarement, des éléphants.

Pour un Mat-mala et un bo-Con on peut se procurer : soit un kilogramme de bois d'aigle,

Soit une corne de rhinocéros de 500 grammes,

Soit 10 à 14 kilogs d'ivoire ;

Un beau cheval ou deux chevaux ordinaires se paient le même prix, c'est-à-dire de 25 à 35 $.

Lorsqu'une tribu Moï n'a pas le moyen d'acheter les marchandises colportées, elle se charge volontiers, moyennant rétribution, de servir d'intermédiaire avec une autre tribu plus riche.

Un éléphant adulte vaut environ de 50 à 80 $ payables, bien entendu, en *Con* et en *Mala*.

SEL

Le sel est une denrée de première nécessité pour les Moïs. Les fermiers le livrent avec un bénéfice qui varie de 70 à 100 %; le prix de vente est subordonné au taux d'achat sur les marchés de la province. Il est moins cher pendant les quatre premiers mois de l'année.

COTONNADES ANGLAISES

Les cotonnades anglaises importées par les jonques chinoises venant de Singapore, de Canton et de Hong-kong, sont l'objet d'un commerce assez actif et procurent aux vendeurs un bénéfice de 60 à 70 %. Ce bénéfice s'élève à 100 % pour les perles et la verroterie ; à 120 % pour le fil de laiton de 4 à

5 $^m/_m$ de diamètre ; à 110 °/₀ pour les couvertures de laine teintes ; à 150 °/₀ pour la porcelaine et les jarres chinoises.

Ces estimations sont évidemment approximatives ; elles sont basées sur les bénéfices d'un commerçant disposant d'une forte réserve.

Il est à remarquer que le trafic avec les Moïs profite surtout aux Chinois de Ninh-hoa qui, grâce à leur esprit de prévoyance et à leurs aptitudes commerciales sont toujours en mesure d'avancer, à crédit, aux fermiers et aux sous-fermiers, les marchandises dont ceux-ci ont besoin, moins le sel.

Du reste, le marché de Ninh-hoa n'est à proprement parler qu'une forte agglomération chinoise.

Indépendamment des produits considérés comme-précieux, les Moïs cèdent aux Annamites des porcs, du maïs, du riz de très bonne qualité, du rotin, du bétel et surtout de la cire. Quelquefois on voit également arriver à Binh-nguyen, sur les chevaux de bât et les éléphants, de véritables chargements de *graines de ricin.*

A Ninh-hoa, les échanges entre les Moïs et les Annamites se font au comptant : la confiance ne se commande pas. A Nha-trang c'est tout le contraire, l'Annamite doit faire la première mise de fonds.

Il faut chercher les causes de cette différence dans la situation économique misérable des Moïs de Nha-trang, incomparablement plus pauvres que leurs frères du Nord, auxquels le commerce de chevaux assure des gains rémunérateurs.

A 3 kilomètres de Binh-nguyen, sur les dernières pentes de la *Mère et l'Enfant,* on rencontre les premiers hameaux Moïs d'aspect assez misérable. L'aisance apparaît de plus en plus à mesure qu'on s'éloigne du territoire annamite. Il n'est pas difficile de trouver l'explication de ce fait.

MOÏS DE NHA-TRANG

PAUVRETÉ DES MOÏS DE NHA-TRANG

Les Moïs de Nha-trang, et plus généralement du Sud du Khanh-hoa, sont pauvres, malingres, d'apparence chétive et entretiennent avec les Annamites des rapports commerciaux plus modestes que les Moïs du Nord.

Plus durement exploités que ceux-ci par leurs fermiers et sous-fermiers, on voit se produire à leur égard, et sur une plus petite échelle, parce qu'ils ont moins de ressources, les abus déjà signalés à propos des Moïs de Binh-nguyen.

Rarement on trouve chez eux de l'ivoire, de la corne de rhinocéros et du ky-nam. Il faut pour cela aller très loin, à 5 ou 6 jours de marche dans l'Ouest, jusque chez les peuplades dites *Moïs hoang* (Moïs insoumis, indisciplinés).

MODE PARTICULIER DE PROCÉDER DANS LES ÉCHANGES

De toute nécessité le Thua-bien se trouve dans l'obligation de faire crédit de deux ou plusieurs mois aux chefs de tribus, pour les décider à accepter ses marchandises. Les fermiers et leurs agents doivent eux-mêmes transporter leur pacotille chez les Moïs, ils font ensuite un second voyage, et rapportent à leur retour les produits d'échange dont ils sont convenus dans les transactions précédentes.

A Nha-trang comme à Binh-hoa, les Moïs acceptent de servir d'intermédiaires entre les Annamites et les Sach éloignés et même les Moïs-Hoang.

EXPLOITATION ABUSIVE AVANT L'INSURRECTION DE 1886

Avant l'insurrection de 1886 il existait une catégorie de Moïs dite *Moïs-trau*, dont l'occupation consistait à approvisionner, moyennant une somme insignifiante et trop souvent gratis, les mandarins, leur famille et les employés de la citadelle. Les denrées ainsi réquisitionnées étaient parfois en telle abondance que le surplus était vendu dans les marchés voisins, au profit des mandarins bien entendu. — Un autre village fournissait le charbon de bois, etc.

Ces abus ont disparu depuis notre intervention ; je n'ai pas eu connaissance que les autorités provinciales actuelles les aient rétablis.

Quelques hameaux Moïs travaillent aussi aux rizières pour le compte des Annamites, notamment entre la citadelle et le tram de Hoa-tan et à Ba-ngoi, dans le fond de la baie de Cam-ranh.

BÉNÉFICES RÉALISÉS SUR LES PRODUITS D'ÉCHANGE.

Le sel constitue à Nha-trang le principal objet d'échange ; il laisse au vendeur, avec les fluctuations du marché, un bénéfice net de 50 à 60 %.

Les cotonnades rapportent 50 %, les vêtements confectionnés 20 à 30 %.

Le fer forgé (haches, serpes, piochettes) 50 %.

Les perles et la verroterie, 90 à 100 %.

Le vin de riz, dont l'idée suffit pour altérer le Moï, ne rapporte que 10 à 15 %.

L'unité de mesure commerciale généralement adoptée est le *Khân-vai* (2 mètres français de longueur sur 43 centimètres de largeur).

En retour des marchandises énoncées ci-dessus, les Moïs fournissent des porcs, du bétel, du maïs, du riz excellent, mais surtout de la *cire* et du *rotin*.

Le trafic de bétel aux approches du Têt est d'un rendement très productif, cette plante est cultivée notamment par les Moïs de Ba-ngoi; elle n'est pas d'un usage commercial ordinaire, il faut en demander d'avance quand on en désire.

TRAFIC CLANDESTIN DU BOIS D'AIGLE ET DE L'IVOIRE

Les Moïs de Nha-trang et de Cam-ranh qui ont la bonne fortune de trouver du bois d'aigle et de se procurer des défenses d'éléphant, ne les gardent pas longtemps malgré les ordres de de la Cour; ces objets précieux passent rapidemant entre les mains des Chinois qui les expédient clandestinement en Chine.

J'ai entendu dire que depuis 10 ans, plusieurs ordonnances royales ont prohibé l'exportation au Ky-nam, de l'ivoire et des cornes de rhinocéros sous les peines les plus sévéres, même la décapitation et l'exposition de la tête.

IMPORTANCE POLITIQUE DES MOïS

M. Aymonier envisageant la question des Moïs au point de vue politique s'exprimait ainsi :

« Le régime des Moïs ou *Montagnards tributaires* a une « grande importance économique et politique. Le commerce « facilité, développé avec ces tribus, sera l'une des sources de « richesse de l'An-Nam.

« Ayant les Moïs sous la main, étant maîtres de la mer, « comme nous le sommes, les insurrections de l'An-Nam sont « difficiles et leur répression aisée ».

On sait que le mouvement insurrectionnel de Gia, en mai 1887, dans le phu de Ninh-hoa, s'est préparé chez les Moïs et en partie avec leur concours tacite ou avoué. Sans la connivence des Moïs, en effet, les massifs de la *Mère et l'Enfant* et du *Diadème* n'auraient pas pu servir de dépôts de ravitaillement, et n'auraient pu, en tout cas, offrir aux bandes de rebelles qu'un abri des plus précaires. D'autre part, les passages difficiles et peu connus de la chaîne du Varéla, autres que le Deo-ca, et permettant l'accès du Phu-yen, seraient impraticables si les Moïs voulaient les fermer.

Nous avons donc tout intérêt à nous concilier les Moïs, à les habituer à nous considérer comme leurs protecteurs naturels, à faire d'eux nos alliés dévoués, afin de pouvoir au moins conserver l'assurance, en cas de troubles, d'être prévenus à temps.

Aussi le Résident s'est-il opposé catégoriquement à la nomination comme Thu-ngu et Thua-bien en décembre 1887, de deux anciens chefs rebelles (nommés My et le De-lai-Tan, plus connu sous le nom de Thua-Trung ou Trong).

On prétend même que chez les tribus des hauts plateaux, à 8 ou 10 journées de marche de Ninh-hoa, on trouverait des fusils de fabrication laotienne?

Les Moïs de Nha-trang ont une importance politique bien moindre. La vallée supérieure de Nha-trang communique avec celle de Ninh-hoa, et si nous perdions toute influence sur les Moïs, une troupe de rebelles pourrait suivre cette voie, tourner Nha-trang, en passant à 10 kilomètres de la citadelle, et gagner le Sud par la trouée du faux Varila,

N'oublions pas également qu'en 1885 des refuges avaient été préparés suivant les instructions des mandarins, tant chez les Moïs de Nha-trang que chez ceux de Ninh-hoa, dans la crainte que le Gouvernement français ne se livrât à de terribles représailles. — Ces refuges n'ont pas été utilisés, il est vrai, mais nous pouvons en conclure que si nous ne savons pas ménager les tribus montagnardes et nous attirer leur confiance, les insurrections de l'avenir auront chance de trouver chez elles un point de ralliement, un lieu de refuge, un centre d'approvisionnements et peut-être un concours effectif.

II. — *Tribus moïs du Binh-thuan*

LE MONOPOLE DES THONG DICH

A chacune des trois grandes vallées du Sud, Phan-rang, Phan-ry et Phan-thiet correspond un certain nombre de tribus Moïs, vassales de l'An-Nam, dont elles reconnaissent la suzeraineté par un impôt en argent et en nature. Cette redevance, dont la quotité officielle varie peu, n'est pas versée directement ; elle fait l'objet d'un monopole affermé quelquefois à des Chams, le plus souvent à des Annamites. Les fermiers, connus sous le nom de Thong-dich dans le Binh-thuan, de Thu-ngu et Thua-bien dans le Khanh-hoa fixent, à leur gré, le prix des marchandises et du sel qu'ils fournissent aux Moïs et réalisent des bénéfices exorbitants. Grâce à leur privilège, ils sont les maîtres du trafic au pays des Moïs, dont ils peuvent autoriser ou défendre l'accès à leur fantaisie.

Toutefois le Gouvernement annamite a établi dans la plaine des marchés spéciaux (Phu-truong) où les Moïs peuvent descendre librement échanger leurs produits : ces marchés, particuliers à la province du Binh-thuan, sont affermés aux villages sur le territoire desquels ils se trouvent installés.

Les Moïs n'ont pas le droit d'aller trafiquer dans d'autres localités foraines.

Les Thong-dich n'en conservent pas moins la véritable influence et savent détourner, à leur profit, la majeure partie des transactions, en introduisant ou favorisant l'introduction dans le pays Moï, sur les lieux de consommation, du sel et des objets nécessaires à la vie.

Les Moïs de Binh-thuan sont soumis, en outre, à une autre redevance en nature, indéterminée (le Hoa-co, Hoa-mai) sur laquelle nous reviendrons plus loin.

DIVISION ETHNOGRAPHIQUE DES MOÏS

Ethnographiquement, les peuplades tributaires de l'An-Nam au Binh--thuan se rattachent aux trois groupes suivants, les Orang glai ; les Churu (Tjrou: *Aymonier*); les Coho (Kahou: *Aymonier*) ;

M. Aymonier(*Excursions et Reconnaissances*, V. p. 305) s'est longuement étendu sur les mœurs et les coutumes de ces tribus, et a très vivement critiqué la politique du Gouvernement annamite à leur égard.

LEUR DISTRIBUTION GÉOGRAPHIQUE.

Géographiquement ils sont distribués de la façon suivante :

ORANG-GLAI.

Les *Orang glai* dans les montagnes du Nord de Phan-thiet et de Phan-ri ; dans la vallée de Phan-rang, ils constituent deux cantons, celui de *Tra duong* ou sauvages à bétel (Moï Ca Thia) des Annamites; et celui de *Thang-thua Thuong-lam* (ce dernier fondé par le Quan Truong, ancien chef de Ho) comprenant les Moïs du faux Varéla. Les documents relatifs à ces Moïs ont été brûlés pendant l'insurrection, et on ignore le nombre de leurs inscrits. Le sous-chef de canton de Kinh-dinh perçoit l'impôt qui s'élève à 20 ligatures 9 tiens.

MOÏS BÉ, MOÏS HA-LUONG

Les Moïs de la vallée de Phan-rang se répartissent ainsi qu'il suit: Le canton de E-Lam, de la rive gauche de la rivière, à la mer, sauf la région du faux Varéla. Au Nord-Ouest de ce canton, il existe des sauvages (Moï-bé, Ha-luong) qui, nominalement, dépendent de E-Lam; mais trafiquent habituellement avec Nha-trang; ils habitent sur les bords du *Song-to-Hap*, rivière que l'on prétend remonter au Nord jusque derrière la vallée de Ninh-hoa.

Le Tong-dinh, dans l'impossibité de tirer quelque chose de ces Moïs, a cédé son droit au Thua-bien de Nha-trang, moyennant cinq barres d'argent.

MOÏS DU KY NAM

Entre les cantons de E-Lam et de Thang-thuc Thuong-lam, on rencontre les sauvages du Ky-nam (bois d'aigle) connus sous le nom de Moïs Huong. Leur impôt fixé à:

Ky-nam, 1 livre 8 luong, valeur 360 ligatures;

Tram-huong, 1 livre 15 ligatures;

Ecorce de Ky-nam ou Tot-huong 1 livre 1 ligature 5 tien. est affermé à un Cham, le Ho-huong, sur lequel le Résident a dû appeler la sévérité du Tong-doc à la suite d'exactions sans nombre.

MOÏS CHURU

Les Churu et les Coho, sur les hauts plateaux et dans le bassin du Donnaï (trois journées de marche de Phan-rang) forment les cantons de Ninh-gia et de Thu-tra et relevaient jadis de Phan-ri.

Les Churu se rapprochent beaucoup du type de la race Cham avec laquelle ils ont dû se mélanger.

Presque seuls des tribus Moïs, ils sont sédentaires, font des rizières permanentes, possèdent des animaux de labour et des instruments aratoires; l'influence Cham est chez eux prépondérante, et c'est à elle certainement qu'ils doivent ce degré d'avancement relatif dans leur situation agricole.

MOÏS COHO

Les Coho sont établis plus à l'Ouest et confinent aux Moïs indépendants, ils ne vivent que du produit de leurs «rays,» et, à l'exception d'une dizaine de villages, se considèrent comme affranchis de toute vassalité envers l'An-Nam.

Ils font brûler les bambous et en utilisent la cendre, en guise de sel, pour échapper à l'obligation d'acheter le sel de la côte aux Thong-dich. Les peuplades Coho et Churu sont en état d'hostilité habituelle.

C'est du pays des Coho que proviennent, par voie d'échanges, les défenses d'éléphant et les cornes de rhinocéros formant une partie du tribut annuel exigé par le Gouvernement annamite.

Les Moïs et les Churu travaillent le fer avec assez d'habileté.

Le pays des Churu et des Coho est arrosé par trois bras orientaux du Donnaï (appelé par les sauvages le Da-don) c'est sur le troisième de ces bras, le plus au Nord, que se trouvent les dix villages Coho, les derniers tributaires de l'An-Nam.

DIVISIONS ADMINISTRATIVES DES MOÏS; IMPOTS EN DENIERS ET EN NATURE

Administrativement les Moïs de Thuan-khanh, comprenant 20 cantons, 45 ly, 228 sach, 2054 inscrits, sont astreints à une redevance annuelle de,

En deniers : 2314 ligatures 7 tien, et 25 barres d'argent ;

En nature : Cire, 958 livres 9 onces ;

Ivoire, 110 livres.

Corne de rhinocéros, 8 livres.

Fer travaillé, 372 livres.

Miel, 3 livres 14 onces.

Cac-loi (sorte de potasse), 170 livres.

Lorsque les circonstances ne permettent pas de recueillir la totalité de l'impôt en nature, le Thong-dich débat la valeur de la transformation en deniers, avec les autorités provinciales.

Pour savoir ce que les Moïs auraient réellement à payer, en cas de suppression du monopole des Thong-dich, il faut ajouter aux chiffres énoncés plus haut, le montant de l'affermage des Phu-truong de l'ancien Binh-thuan savoir :

Binh-thuan

Phu de Ham-thuan (Phan-thiet)	1° Phu Truong de Giang-mau, par an....................	1,000 lig.
	2° Vung-khe (village de Phu-Lac)	644 lig.
Huyen de Hoa-da (Phan-ri)........	3° Phu Truong de Xuan-yen.....	2,160 lig,
	4° Phu Truong de Hoc-trom.....	720 lig.
		4,524 lig.

Khanh-hoa

Phu de Ninh-thuan (Phan-rang)	1° Phu Truong de Mai-nuong village de Dat-nhon......	906 lig.
	2° Phu Truong de Thi-ni, village de Thai-giao........	704 lig. 4 t. 20 s.
	3° Phu Truong de Xich-hau village de Thai-dinh.....	247 lig. 7 t. 50 s.
		1,857 lig. 8 t. 10 s.

Total 6381 ligatures, 8 tiens, 10 sapèques

Ce qui porterait l'impôt réel en deniers à 8,696 lig. 5 tiens 35 sapèques.

· LE HOA-CO ET HOA-MAI

Il existe encore une autre sorte de redevance appelée *Hoa-co*, *Hoa-mai*, qui pèse lourdement sur la population Moï et Cham, et dont l'application soulève des récriminations nombreuses.

En principe le Hoa-co et Hoa-mai ne sont pas à proprement parler des impôts.

HOA-CO

Le Hoa-co (louer avec accord) s'applique dans le cas suivant ;

Lorsque les autorités provinciales ont à exécuter des travaux d'une certaine importance, tels que réparation ou construction de maisons de mandarins, jonques de transport, ponts etc,; elles établissent sur un cahier ad hoc, le devis estimatif des matériaux, des journées d'ouvriers dont elles auront besoin.

Une expédition de ce cahier est envoyée au ministère des travaux publics qui la retourne après l'avoir examinée, et détermine la quantité de matériaux, le nombre d'ouvriers à employer, de corvées et de jonques à réquisitionner. Selon les cas, les mandarins font couper les bois directement par leurs hommes ou les font acheter sur le lieu de production.

Les ouvriers et coolies sont réquisitionnés moyennant la nourriture et un salaire journalier.

Ainsi, cette année, les mandarins ont besoin, pour la mise en état de trois jonques royales, halées sur les cales de Trai-thuy, de 1800 livres d'huile Con-rai, 800 livres de résine, 90 paquets de nattes en latanier, de rotin de montagne, de rotin de plaine et de rotin d'eau.

LE HOA-MAI

Le Hoa-mai (acheter avec accord) s'entend de la fourniture des divers produits nécessaires à la Cour de Hué, pour les fêtes, les réparations du palais, les besoins de la famille royale, etc. Le ministère des finances envoie, dans chaque province, une liste des objets à acheter, suivant la production spéciale au pays (Ky-nam, Toc-huong, paillottes, nattes en feuille de lataniers, huile Con-rai, résines, nerfs de cerfs, peau de rhinocéros, bois d'essences précieuses, etc., etc.

Pour le Khanh-hoa, le ministère demande cette année :

160 grosses pièces de bois ;
35 livres de Tram-huong ;
83 livres de Toc-huong ;
7 défenses d'éléphants ;
45 livres de peau de rhinocéros ;
40 livres d'ailerons de requin.

Pour le Binh-thuan, il est réclamé différentes qualités de Huong-vai, des cornes de rhinocéros, des rotins, des feuilles de lataniers blanchis, des paillottes, des torches résineuses, (den-chai) des bois de construction en sao et quelques pièces de go, tirées des forêts de Laghi.

Les 4 cantons Cham doivent fournir :

234 torches de résine de diverses grosseurs,
30 pièces de Sao-sanh, espèce particulière de sao, dont le bois est d'un jaune verdâtre, et qui revient aux Chams à 15 $ la pièce dans le canton de Nong-tang, parce qu'ils sont obligés de louer les bûcherons annamites de Laghi, et ceux-ci se font payer leurs services en conséquence.

Au reçu de l'ordre du ministère, les autorités provinciales font procéder aux achats par les soins des phus et huyens et ces derniers emploient généralement, comme intermédiaire,

soit les Thong-dich ou Thu-ngu, soit les chefs des cantons voisins des Moïs.

Le prix des acquisitions est déterminé d'avance et fixé sur une base très modérée, de façon à ne jamais dépasser la valeur d'estimation à Hué. Exemple : une livre de Tram-huong coûte, prise chez l'habitant, 60 ligatures, mais si, à Hué, cette même denrée n'est estimée que 20 à 30 ligatures, les autorités provinciales, responsables des achats, auraient à restituer la différence. En un mot, ces sortes d'acquisitions ne doivent pas excéder ce que nous appelons en France le prix de fabrique, fixé d'ailleurs arbitrairement.

Abus qu'entraîne la mise en pratique du Hoa-co et Hoa-mai

Ainsi, il ressort de ce qui précède que le Hoa-co et Hoa-mai n'est ni un impôt, ni une redevance dans la véritable acception du mot, mais bien une sorte de transaction, de trafic entre le Gouvernement et ses administrés ; opération calculée de telle façon que l'une des deux parties ne soit jamais exposée à un aléa, ni à une perte. Si encore, les conditions de ce contrat forcé étaient à peu près régulièrement observées, le mal ne serait pas grand ; mais les commandes initiales grossissent singulièrement en passant par les divers intermédiaires, et finalement arrivent à être majorées dans une proportion désastreuse pour cette fraction intéressante de la population sur qui retombe, en définitive, tout le poids de ces exactions, Je citerai le Sach-moï de Cho-du (Tanh-linh) dont les habitants ont émigré chez les Moïs de Long-thanh en décembre dernier à la suite d'une demande exagérée pour le Hoa-mai.

M. Aymonier *(Excursions et Reconnaissances)* est entré à ce sujet dans des détails fort curieux et malheureusement trop véridiques. Ces abus se renouvellent aujourd'hui, quoique sur une échelle moins grande ; on n'ignore pas ce qui se passe à Phan-rang par exemple, au sujet des pièces de bois amenées péniblement par les Chams, du lieu de coupe au point d'embarquement, à Nai sur la lagune de Ma-van. Si ces malheureux ne savent acheter les bonnes dispositions des lettrés de la citadelle envoyés par le Tong-doc pour examiner et mesurer les pièces, celles-ci sont rejetées sous les prétextes les plus futiles et abandonnées sur place où elles pourrissent, car personne n'oserait les acheter, par le fait seul qu'elles étaient destinées à la Cour de Hué.

Ordre est alors donné de procéder à de nouvelles coupes.

A **Laghi**, petit port du Binh-thuan, entre Phan-thiet et la Cochinchine, on voit, épars sur la plage, de nombreux madriers de sao et de go, provenant de la forêt voisine, et attendant que les autorités provinciales de Phan-ri veuillent bien faire procéder à leur réception.

Les mandarins affirment que ces dernières fournitures sont payées à la population. D'après les réglements (et les réglements de l'administration annamite sont toujours, en théorie, des modèles de sagesse et d'équité) les acquisitions de Hoa-co, Hoa-mai, ne doivent être payées qu'aux 3/5 de leur valeur, et, les 2/5 restant, après la réception définitive à Hué.

Cependant, au Binh-thuan, les Chams et les Moïs, assurent qu'ils n'ont jamais été payés et qu'ils ont toujours considéré les fournitures du Hoa-co, Hoa-mai, comme une des formes de l'impôt.

Il en est de même à Phan-rang; cependant on a quelquefois dédommagé les gens, mais en leur donnant des sommes tellement dérisoires qu'il est pour ainsi dire inutile d'en parler.

Il faut supposer que si réellement l'administration rembourse, au prix qu'elle s'est fixée, la valeur de Hoa-co et de Hoa-mai, les sommes se dissipent en passant de main en main, et arrivent aux intéressés réduites à quelques ligatures ou même à moins. Néanmoins si les deniers sont réellement distraits du trésor provincial à cette intention, trace doit en rester dans les archives et les registres de comptabilité du Bo-chanh, et à quelque point de vue que l'on se place, les vices de l'administration annamite apparaissent dans leur désolante réalité. Avidité et corruption éhontée des mandarins de degré inférieur; indifférence des autorités provinciales; absence de contrôle et par conséquent encouragement tacite au maintien des abus.

PROPOSITION DE TRANSFORMATION DU RÉGIME FISCAL ACCUEILLIE AVEC FAVEUR PAR LES MOÏS

Lorsqu'on a fait part aux chefs des cantons Moïs, convoqués aux Truong de Phan-thiet, de Phan-ri et de Phan-rang de l'intention du Gouvernement annamite de supprimer l'exploitation, en forme, des Thon-dich, pour y substituer la perception d'un impôt versé directement par des *Quan-muc* et des *Dau-muc*, cette proposition a été accueillie avec de grandes démonstrations de joie, l'accord a été unanime et il est certain que cette transformation du régime fiscal des Moïs qui, présentée, comme devant être obtenue sous les auspices du Protectorat, nous attachera ces peuplades par les liens de la reconnaissance, et nous assurera de précieux auxiliaires pour l'avenir.

L'ACCÈS DU PAYS MOÏ DOIT ÊTRE RIGOUREUSEMENT INTERDIT. IMPORTANCE POLITIQUE DE CETTE MESURE PROHIBITIVE

Il reste à examiner un point fort important, et dont dépend, en quelque sorte, le succès de la réforme proposée.

Les Moïs pourront descendre et circuler librement dans la plaine en pays annamite, pour y trafiquer à leur volonté, mais inversement, l'accés des montagnes et des hauts plateaux, de la région Moï, sera-t-il ouvert à tout venant? Nous n'hésitons par à nous prononcer pour la négative. Il faudra rigoureusement interdire, sous des peines très sévéres, la circulation en pays Moï de tout Annamite, Cham ou Chinois, qui ne serait pas muni d'une autorisation spéciale délivrée par les mandarins du Binh-thuan en du Khanh-hoa et visée par le Résident. Ces permis de circulation, dûment motivés, ne seraient accordés qu'avec réserve et pour un temps très court; ils entraîneraient toujours, pour le détenteur, l'obligation de présenter à son retour, les armes qu'il aurait été autorisé à emporter. Aux Moïs serait confiée la police de leur territoire, et chaque chef de canton recevrait, sous forme de Bang-cap, un ordre en caractères chinois et cham, portant à la fois, avec le cachet de la Résidence, celui du Tong-doc du Khanh-hoa ou du Bo-chanh du Binh-thuan, lui enjoignant d'arrêter, comme vagabond, et de faire conduire suivant le cas, au Phu de Ham-thuan, à la citadelle de Phan-ri, au Phu de Ninh-thuan, tout Annamite, Cham ou Chinois, non porteur du passeport réglementaire.

Si nous ne prenions pas ces précautions de surveillance étroite, nous risquerions, d'ici un ou deux ans, de voir se former, en dehors des moyens d'action des autorités annamites, des bandes de gens sans aveu, qui, sous la direction d'anciens rebelles insoumis tels que le Quan-ho, pourraient nous créer de sérieux embarras. Échappant facilement à notre atteinte, il faudrait, pour les réduire, envoyer des colonnes mobiles de troupes régulières et entreprendre des opérations fort coûteuses, pour un résultat peut-être incertain.

Enfin, chose plus grave, les Moïs actuels se trouveraient dans l'alternative, on de faire cause commune avec les rebelles, ou de se résoudre à un exode vers le Nord-Ouest, que leur tempérament et les garanties précaires de la culture des « rays » rendraient fort probable.

Notre intervention malencontreuse aurait eu alors pour résultat, de supprimer l'une des sources de produit de l'An-Nam et de créer, sur la frontière, un état d'insécurité se traduisant par des menaces perpétuelles d'incursion sur la plaine, et la fermeture, pour de longues années, du bassin du haut Donnaï.

LES VOIES DE PÉNÉTRATION DU LITTORAL VERS LE HAUT PAYS

Ces considérations m'amènent à parler des voies de pénétration qui conduisent de chacune des vallées vers le haut pays.

TANH-LINH ET SON IMPORTANCE GÉOGRAPHIQUE

A Phan-thiet, l'objectif est Tanh-linh, sur un affluent du La-gna, le Song-cat, dans une petite vallée limitée à l'Est par la Nui-ong, dont se détachent vers l'Ouest les hauteurs du Ca-tong; la dernière ondulation du Ca-tong vient mourir près du La-nga, entre Tra-cu-Thuong (Biên-hoa et Tanh-linh).

Le droit de possession de Tanh-linh par l'An-nam a été discuté en novembre 1887 : Tanh-linh, même, a été occupé pendant quelques mois par un agent de l'administration de la Cochinchine et un détachement de miliciens de Bien-hoa; une enquête, en novembre 1887, a démontré, preuves en main, le bienfondé des revendications de l'An-nam.

Toutefois, en se guidant sur des considérations exclusivement géographiques, il semble établi que Tanh-linh et la petite vallée du Song-cat appartiennent au régime hydrographique du Donnaï.

Tanh-linh est, en effet, une expansion vers le Sud-Est de la vallée ou La-nga, de même qu'à 20 kilom. plus haut, le Da-mit forme vers le Nord une vallée alterne profondément encaissée.

Cette vérité géographique devient saisissante, si l'on se transporte sur le sommet du Ca-tong à une altitude d'environ 150 mètres. On suit le cours du La-nga à partir du Sud depuis le Bang-ton jusqu'au point où il s'enferme entre le Nui-ong et le Nui-gia vers Pat, dont la position est indiquée par un éperon du Nui-ong de forme régulière, le *Nui-ca-Don*.

La rivière passe au pied de cette montagne, et, après avoir reçu le Da-mit à Pat, remonte vers le Nord-Est parallèlement à la grande chaîne.

La vallée est circonscrite à l'Est et au Sud par le Nui-ong et ses contreforts, décrivant une courbe qui englobe le Song-cat, Tanh-linh et sa plaine de rizières, et, au Nord, par la longue chaîne de partage des eaux entre le La-gna et le Dong-nai; Nui-bang-Gia au Nord, Nui-bang-Ton au Sud.

Dans ces dernières montagnes se trouve l'ancien territoire de Pa-tao (1).

L'aspect est bien caractéristique ; au Nord et au Nord-Est les deux puissants massifs du Bang-tong et de Nui-ong, dernières assises de la grande chaîne côtière de l'An-Nam ; au Sud-Ouest, et à l'Ouest, une plaine immense dont l'uniformité n'est interrompue que par des pics ou des chaînes isolées. La frontière géographique naturelle de l'An-Nam, est indiquée selon moi par la ligne de base du Nui-ong et du Bang-tong, qu'aucun obstacle naturel ne sépare de la Cochinchine. Une jonque partant, à l'époque favorable, des rapides de Tri-an, ou un cavalier suivant la voie de terre par Vo-dat et Tra-cu peuvent arriver, sans encombre, jusqu'à Pat au confluent du La-nga et du Da-mit, à 20 kilom. au dessus de Tanh-linh.

Au système orographique de l'An-Nam appartiennent encore les chaînons isolés de Nui-thiec, du May-tao, de Tinh-bien, de Baria, l'agglomération du cap et le pic de Tay-ninh : ce sont les Sporades de cette mer de montagnes.

Tanh-linh, néanmoins, est toujours demeuré en communauté d'intérêts avec le Binh-thuan. Il faut en chercher la cause, surtout dans l'éloignement de Bien-hoa, dont le sépare un trajet de six jours, tandis que le chemin sur Phan-thiet par le Deo-ba n'exige que deux jours de marche.

Huit ROUTES PARTENT DE TANH-LINH :

1ᵘ Route de Bien-hoa par Tram-thuong et Vo-dat avec embranchement sur Long-thanh.

2º *Route de Long-thanh par Ba-tao et Tra-tan* (5 jours);

3º Route de Baria par Xuan-loc, d'où un embranchement conduit à Bïen-hoa.

4º Route de Cu-mi par Ba-tao et Ban-gieng, ave un embranchement sur La-ghi. A l'époque des inondations on prend cette voie pour se rendre à Phan-thiet ; elle rejoint la route mandarine près du village Cham de Phô-tri.

5ᵉ *Route de Phan-thiet par le Deo-ba ;* la plus courte et la plus fréquentée. Cette route coupe les rizières de Tanh-linh, gagne par une rampe assez escarpée une altitude de 80 à 100 mètres, puis contourne le flanc du Nui-ong, sous une magnifique forêt. Elle traverse ensuite un terrain ondulé, couvert d'une vigoureuse végétation de bambous, franchit trois fois le torrent de Song-oi qui, pendant la mauvaise saison, doit constituer un

---

(1) Voir la carte administrative du Binh-thuan.

obstacle redoutable, si l'on en juge par la largeur de son lit, déjà presqu'à sec en janvier, et atteint enfin Suoi-chinh, le hameau le plus avancé du phu de Ham-thuan.

La forêt devient alors clairsemée ; les belles essences disparaissent pour faire place à l'affreux *Dau-ta-Bin*, arbre d'aspect triste et presque dénué d'ombrage.

La route passe ensuite entre deux petits mamelons distants de 3 kilom. environ, le *Cu-nhi* au Nord et le *Chot-vung* au Sud, puis descend une pente légèrement inclinée conduisant au village de Phu-lac à 10 kilom. de Phan-thiet. Entre Phu-lac et la ville se trouvent les villages de Phu-hoi et Phu-tai, où l'on franchit le lit caillouteux de la rivière de Phan-thiet, réduit en cet endroit, à l'état de simple torrent.

La plaine de Phan-thiet, exposée au vent violent de la baie, ne présente que des rizières sèches (Son-don), conquises sur un sol argilo-sablonneux et quelques beaux bouquets de manguiers ; la poussière y est intolérable. Aux environs de la ville, de longues ondulations de dunes, dépourvues de toute végétation, contribuent à lui donner un aspect presque désolé.

6° *La route de Pat et du haut La-nga*. — Elle traverse une première fois les rizières de Tanh-linh, franchit une double rangée de collines boisées (Deo-rong) courant parallèlement à la base du Nui-ong et débouche de nouveau, dans la plaine cultivée, au hameau Cham de Amit (annamite: Dong-Me), elle longe ensuite la lisière de la forêt, franchit un marais de 200 mètres environ, où s'amassent les eaux provenant des pentes de Nui-ong, et gagne le La-nga par le hameau Cham de Ga-lang (annamite : Dong-Kho). Un bac permet de traverser le La-nga, large en cet endroit de 40 mètres environ. Sur l'autre rive on se trouve en plein pays Moï et l'on chemine sous bois jusqu'à Pat, distant d'environ 10 kilom. ; la route suivant· à flanc de coteau les hauteurs qui rejoignent Nui-ya-Guen, dans la vallée du Da-mit.

Le village Moï de Pat, que relèvent des « râys » et quelques maigres plantations, est situé au confluent du Da-mit et du La-nga. Le Da-mit est une petite rivière torrentueuse, roulant sur un lit de cailloux, et dont le cours est obstrué par des troncs d'arbres et des barrages artificiels.

Elle remonte assez haut et prend sa source au centre du massif du Bang-ton ; son lit est fortement encaissé entre les hauteurs boisées dont elle ronge la base.

Sur la rive droite court un sentier qui mène aux habitations Moïs dissimulées dans la montagne. Le confluent du Da-mit et du La-nga est appelé par les Moïs *Pat-nheu*.

M. Humann a obtenu, pour la position de Pat, les chiffres suivants.

Longitude, 105° 33' 15"; Latitude, 11° 15'.

7° *Route de Tanh-linh à Phan-thiet par le Deo-ong.* — Un peu plus courte de celle du Deo-ba. — Elle quitte la route de Pat après le passage du La-nga, franchit de nouveau la rivière, et par le pied du Nui-ca-Don, gagne le col très ardu du Deo-ong. Elle rejoint ensuite la route du Deo-ba à Suoi-chinh.

8° *Route de Thanh-linh à Phan-ri par Pat, et la vallée supérieure du La-gna.* On compte 9 jours de marche.

1° de Tanh-linh à Pat......................	1	jour
2° de Pat à Yarda.........................	1	—
3° de Yarda à Dang-si....................	1	—
4° de Dang-si à Tala......................	1	—
5° de Tala à Cong-drom................	1	—
6° de Cong-drom à Ta-lup..............	1	—
7° de Ta-lup à Dang-par................	1	—
8° de Dang-par à Phan-ri..............	2	—
Total...............	9	jours.

LA PLAINE DE TANH-LINH

La plaine de Tanh-linh présente une superficie d'environ 1500 hectares, dont 800 au moins sont mis en culture; elle est comprise d'une part entre le Ca-tang et le Deo-Rong, d'autre part entre le La-nga et la base du Nui-ong; on y rencontre trois hameaux exclusivement habités par des Chams, et désignés en annamite sous les noms *Thanh-linh Dong, Dong-Kho* et *Dong-me.* Les rizières sont cultivées avec soin; les Chams disposent de buffles et de charrues, et le sol, mélangé de sable vasard et de détritus végétaux, n'est pas aussi fertile que celui des rizières de Cochinchine.

Le Song-cat, coupé de barrages, assure en toute saison des irrigations suffisantes.

Tanh-linh a dû être un centre assez important, comme semblent l'indiquer les vestiges d'anciennes installations dont quelques arbres fruitiers (cocotiers et manguiers) ont résisté à l'abandon. Sa situation, au point de croisement de diverses routes entre l'An-Nam, les Moïs de La-nga, et la Cochinchine, lui fournira des éléments assurés de prospérité, si nous parvenons à rétablir l'ancien courant d'échange qui existait, avant la conquête de la Cochinchine, entre Bien-hoa et la population du bassin de La-nga.

ROUTE DE LA VALLÉE DE PHAN-RI

La vallée de Phan-ri s'élargit au delà de la citadelle et présente un accès facile vers les montagnes que l'on voit s'étager au loin ; une ligne de crêtes, d'une hauteur que l'on peut estimer à plus de 2000 mètres, ferme l'horizon au Nord ; on ne connait que les chemins qui mènent aux cantons tributaires Moïs ; ils sont établis aux distances suivantes de Phan-ri.

Sur les montagnes de l'Ouest :

Moï de Tinh-tuc, 6 jours de marche ;
Moï de Dinh-van, 3 jours.

Sur les montagnes de l'Est :

Moï de Bo-tuan, 2 jours ;
De Gi-tang, 4 jours ;
De Dong-gia, 4 jours ;
De Ta nang, 3 jours ;
De La ba, 2 jours.

SENTIERS PAR LA VALLÉE DE KA-RANG

Entre la petite vallée de Ka-rang et celle de Phan-rang, il existerait aussi des Moïs. Un sentier difficile irait directement de Phan-ri à Phan-rang, par les montagnes et le pays Cham de Quit à travers des forêts inhabitées et peu fréquentées, à cause du manque d'eau ; cette voie de communication, tout imparfaite qu'elle est, peut être utilisée par des rebelles en temps de troubles.

ROUTES DE LA VALLÉE DE PHAN-RANG.

Dans la vallée de Phan-rang, on compte trois routes menant chez les Churu.

Voici l'itinéraire à suivre :

Premier chemin. — De Phan-rang au village Cham de Mur-nem, près Dat-nhon,

De Mai-nuong (8 kil.) ;
De Mur-nem à Rung-lai (4 kil.) ; } 1 jour ;
De Rung-lai à Mur-ny (25 à 30 kil.), 1 jour ;
De Mur-ny (dernier village de Phan-rang), à un abri en paillotte nommé Ho-nhong (18 kil.) ;
De Ho-nhong à Krang (Tong-bup,) (18 kil.) ; } 1 jour.

Deuxième chemin. — De Phan-rang à Rung-lai (12 kil.)
De Rung-lai au Song-cha (abri) (12 à 15 kil.) ;
De Song-cha à Tabon (pied des montagnes) (12 à 15 kil.);
De Tabon à Yum (Tong-phan) (28 à 30 kil.)

Cette route est la meilleure, malgré l'ascension pénible des montagnes, elle conduit sur un plateau d'une altitude de 1,200 m. ; la température est relativement douce.

On y trouve des bois de sapin, et des eaux courantes, limpides et très fraîches (renseignements fournis par M. Humann.)

Troisième chemin. — De Phan-rang à Mur-nem (18 kil.) ;

On remonte la rive droite de la rivière de Phan-rang qu'on traverse ensuite pour gagner le village de Gor près de Tang-anh (30 kil.).

A Tang-anh commence l'ascension des montagnes, et on atteint la vallée inférieure du Donnaï ; on se trouve alors au pays de Tong-phunn (15 à 20 kil.)

Ces trois routes aboutissent dans le bassin du haut Donnaï. Le Donnaï (Da-don des Moïs) reçoit trois affluent dans le pays des Churu et des Coho; on les rencontre successivement lorsque, venant de Phan-rang, on s'avance vers le Nord.

Entre Phan-rang et Nha-trang, le pays est presque inhabité, infesté de fauves, et les quelques tribus Moïs, disséminées sur cette longue étendue, sont sans aucune importance. Il existerait, dit-on, des sentiers de communication par Ba-ngoi derrière le massif du littoral, et par Hoa-tan.

Nha-trang, vallée fermée vers l'Ouest

La vallée de Nha-trang est fermée par une ceinture de montagnes élevées, ne laissant qu'une communication extrêmement difficile vers Ba-ngoi et la baie de Cam-ranh, en dehors de la coulée de Hoa-tan.

On peut considérer cette vallée comme étant sans issue vers l'Ouest, sauf la communication avec Ninh-hoa ; les Moïs viennent très fréquemment dans la plaine, et les dispositions prohibitives dont j'ai parlé plus haut, ne sauraient s'appliquer à Nha-trang, en raison de la conformation géographique du pays. A 12 kilom. à l'Ouest de la citadelle, elle se bifurque en Y ; l'une des branches se dirige vers le Sud par Vuc-mieu, l'autre mène à Ninh-hoa en contournant le Nui-hon-Du (le double pic), où, paraît-il, on a trouvé de l'or.

NINH-HOA ET LE RÔLE DES MOÏS DE BINH NGUYEN

La vallée de Ninh-hoa s'étend du fond de la baie de Binh-cang, au pied de la grande chaîne du Varéla. Un seul chemin, assez bien entretenu, conduit chez les Moïs de Kinh-nguyen, permettant, dit-on, l'accès facile du haut pays. Les Moïs de Ninh-hoa se ressentent du voisinage des tribus montagnardes guerrières de la vallée supérieure du Durang. Ils se montrent, dans leurs rapports avec les Annamites, moins maniables que les autres peuplades du Thuan-khanh.

CONCLUSION

L'exposé qui précède a montré la nécessité de la suppression de l'affermage des Moïs. Nous pourrions substituer, à l'ensemble des revenus, en deniers et en nature, provenant tant de ce monopole que de l'exploitation des Phu-truong du Binh-thuan, un impôt de même valeur, lequel serait réparti entre les diverses tribus du Thuan-khanh d'après telle ou telle base à déterminer par le Gouvernement annamite.

Suivant l'importance ou l'étendue des cantons, un Dau-muc, ou un Quan-muc assisté d'un Dau-muc, centraliserait l'impôt par canton et le verserait en un ou plusieurs termes, à des époques fixées par les autorités provinciales : au phu de Ham-thuan, et à la citadelle de Phan-ri, pour le Binh-thuan, au phu de Ninh-thuan, à la citadelle de Nha-trang, et au huyen de Tân-dinh, pour le Thanh-hoa.

Le montant des impôts, par canton, serait affiché dans les villages intéressés.

Il faudrait que les Moïs fussent considérés comme sujets protégés, au même titre que les Chinois et justiciables, en ce qui concerne leurs intérêts, du tribunal consulaire. Cette disposition, connue des autorités annamites, rendrait cinconspects, en matière de perception, les agents du fisc, et contribuerait à les empêcher d'abuser de l'ignorance ou de la crédulité des Moïs.

Une ordonnance royale interdirait l'accès du pays Moï, à l'exception de Nha-trang, dans les conditions que j'ai exposées plus haut.

Enfin il serait indispensable de mettre un terme aux abus du Hoa-co et du Hoa-mai ; le remède semble tout indiqué : 1° soumettre à la plus grande publicité l'indication des produits à fournir et le prix de chaque unité ; 2° attribuer aux Résidents le droit de contrôle sur les opérations de cette nature.

DIVISIONS ADMINISTRATIVES DES MOÏS DU THUAN-KHANH

I. — BINH-THUAN

Nᵒ d'ordre	NOMS des CANTONS MOÏS	NOMS DES LY	NOMS DES SACH	OBSERVATIONS
	Moïs de Phan-thiêt (Phu de Ham-thuân)			
1er	Khanh-nhon tong.	—	Phu-lam-thon. Tu-tich-thon. Hung-nhon-thon.	
2e	Cam-Thang tong	Cam-Thang ly.	Ta-ban-sach.	
		Vinh-doa ly.	Ba-doa-sach. Tha-vinh-sach. Cam-hung-sach. Ku-la-sach. Vo-ta-sach.	
		Trung-Giu ly.	Cho-giu-sach. Gia-trung-sach. Da-mai-sach. Bo-ky-sach. Bo-sach.	
3e	Chau-Trung tong.	Chau-Trung ly.	Chau-trung-sach. Ta-loan-sach. To-ginh-sach. Co-toan-sach.	
4e		Ta-Lang ly.	Vi-dang-sach. Ta-mou-sach. Ca-lien-sach. Tang-sach.	
		Toa-La ly.	Toa-la-sach. Ba-gieng-sach. Ma-non-sach. Ca-sum-sach.	
	Ngan-Chu tong.	Ngan-Chu ly.	Cho-von-sach. Bai-to-sach. Nha-gia-sach.	
		Ba-Dan ly.	Ba-dan-sach. Gia-tron-sach. Ba-viet-sach. Bat-sach.	

Nº d'ordre	NOMS des CANTONS MOÏS	NOMS DES LY	NOMS DES SACH	OBSERVATIONS
			Moïs de Phan-thiêt (Phu de Ham-thuàn)	
		Tri-Tuan ly.	Tri-tuan-sach. My-phu-sach. Ba-xang-sach.. Con-ha-sach.	
			Moïs de Phan-ri (Hoa-da-huyen)	
1er	Tinh-tuc-tong	Tinh-tuc-ly	Ca-ho-cu-sach Dang-ta-tinh-sach Chi-sach Ca-ho-cu-tuc-sach	
		La-gi-ly	La-the-sach Ca-gi-sach Lai-sach Da-quang-sach	
		Da-xung-ly	Dong-gi-sach Dan-ninh-sach Ca-xung-sach La-cu-sach Tan-ngan-sach Ta-lo-sach Tong-sach	
		Ton-linh-ly	Ca-ho-ba-tot-sach Ca-ho-ba-linh-sach Ca-ho-ba-lien-sach Ca-ho-ba-nen-sach	
2e	Dinh-van-tong	Dinh-van-ly	Dinh-van-sach Phi-van-sach Cong-sach Huan-sach Ba-tien-sach	
		Ba-dzung-ly	Ba-dzung-sach Lam-sach Ca-phi-sach Ca-tan-sach	
		La-lam-ly	La-lam-sach Co-gia sach La-dzung-sach Ba-nung-sach	

N° d'ordre	NOMS des CANTONS MOÏS	NOMS DES LY	NOMS DES SACH	OBSERVATIONS
		Moïs de Phun-ri (Hoa-da-huyen)		
		Xuau-tien-ly	Ba-xung-sach Tien-hoa-sach La-vo-sach Ba-dzung-sach	
3e	Bo-tuan-tong	Bo-tuan-ly	Rui-bo-tuan-sach Ta-nu-de-sach Dzua-la-dê-sach Ba-the-sach	
		Gia-lieng-ly	Gia-lieng-sach Ca-mang-la-thi-sach Ca-lieng-sach Dzong-sach	
		Huyen-cham-ly.	Ta-nao-huyen-de-sach Tru-du-sach Ca-cham-di-sach Doa-de-sach La-cham-de-sach	
		La-huyen-ly.	La-huyen-sach Cu-sach Tri-sach	
4e	Gi-tang-tong.	Gi-tang-ly.	Ba-gi-sach Trang-lo-vang-sach Ca-duong-sach Ca-bien-sach	
		Tan-quang-ly.	Tam-dzu-sach Ha-noi-de-sach Ca-hoan-doa-sach Ba-bao-de-sach	
		Gia-dzuong-ly.	Ca-dzai-dzuong-la-sach Ca-te-sach Ca-tham-sach Ca-giang-sach	
		Phan-bang-ly.	Ca-phan-sach Sach-ban-sach Ca-ac-sach Gia-sach	
		Con-sa-ly.	Ca-ho-ba-con-sach Ca-ho-ba-tru-sach Ca-ho-ba-sa-sach	

№ d'ordre	NOMS des CANTONS MOÏS	NOMS DES LY	NOMS DES SACH	OBSERVATIONS
		Moïs de Phan-ri (Hoa-da-huyen) suite.		
5e	Dang-gia-tong.	Dang-gia-ly.	Dang-gia-sach Ta-vo-sach Ta-tien-sach	
		La-chau-ly.	Ca-ho-vi-ta-sach Ca-ho-gia-dinh-sach Ca-ho-la-vang-sach Ca-ho-xung-mo-lo-sach	
6e	Ta-nang-tong.	Tri-nhieu-ly.	Ta-noi-dè-sach Ta-nhieu-de-sach Tri-de-sach Nha-loan-sach	
		Ta-nang-ly.	Ta-nang-de-sach Ta-de-sach Bo-de-sach La-thoi-sach	
		Ta-van-ly.	Ta-van-de-sach Lam-sach Gia-mau-sach Cang-de-sach	
		Moïs de Phan-ri (huyen de Tuy-phong.)		
1er	La-ba tong.	»	La-a-sach. Ta-thoi-sach. Pho-sach. Ta-ly-sach. Ta-van-sach.	

II. — KHANH-HOA

Nº d'ordre	NOMS des CANTONS MOÏS	NOMS DES LY	NOMS DES SÁCH	OBSERVATIONS
		Moïs de Phan-rang (huyen de An-phuoc).		
1er	Ninh-gia tong.	Ninh-gia ly.	Ca ho-la-minh-sach. Ca ho-mât-gia-sach. Ca ho-sac-ban-sach. La-vai-sach.	
		Lô-vang ly.	Lo-vaug-sach. Mo-lien-sach. Ho-mo-sach. Dinh-rang-sach.	
		Non-tra ly.	Ca ho-la-non-sach. Ca-viet-sach. Ca-de-sach. Ca-mang-sach.	
2e	Tu-tra tong.	Tu-tra ly.	Tu-sach. Tra-lau-sach. Tieu-tu-sach. La-ba-gia-hung-sach. Tha-vo-sach. Tri-mang-vi-nhunh-sach.	
		Gia-tu ly.	Tu-tien-sach. Nang-gia-sach. Ca-rang-sach La-ba-de-sach. Ma-luan-sach.	
		To-tra ly.	Ba-gia-sach. Tra-cot-sach. Bon-to-sach. Mo-la-sach.	
		Ba-tien-ly,	Ba-tien-sach. Bang-tien-sach. Ca-diem-sach.	
3e	Tra-duong-tong.	Tra-duong-ly.	Tu-mang-cu-nhu – ha - gi-thu-la-sach. Ca-lap-sach. Tra-duong-la-than-sach. Vo-la-sach.	
		To-vi-ly.	Ho-nhung-de-sach. To-vi-de-sach.	

№ d'ordre	NOMS des CANTONS MOÏS	NOMS DES LY	NOMS DES SACH	OBSERVATIONS
			Moïs de Phan-rang (huyen de An-phuoc)	
		Ta-thi-ly.	Tri-mang-ta-thi-sach. Tri-mang-gia-sach. Ta-thi-de-sach. Gio-de-sach.	
		Luc-thiep-ly.	Tri-mang-bet-sach. Tri-mang-na-thiep-sach. Tri-mang-ma-mai-sach.	
4e	E-lam-tong.	E-lam-ly.	Tra-duong-e-de-sach. Tra-duong-ta-suoi-sach. Ti-mo-sach. Ca-duong-tan-de-sach. Duong-ca-ma-lam-de-sach. Ba-lit-sach.	
		Nhi-gia-ly.	Nuoc-nhi-de-sach. Tri-mang-cac-gia-sach. Gia-la-ha-de-sach. De-ran-de-sach.	
		Ta-no-ly.	Bo-lang-de-sach. Tra-duong-ca-no-de-sach. Tra-duong-tien-de-sach. Tra-duong-la-on-de-sach.	
			Moïs de Ninh-hoa.	
1e			Dam-mon-sach Dam-tho-sach	Pas de canton ni de ly
			Moïs de Nha-tranh (phu de Gieng-khanh).	
2o			Ma-lang-sach O-kha-sach La-danh-sach Ta-dat-sach La-mi-sach La-ca-sach Ca-lang-sach Xap-trang-sach Ru-do-hoai-sach Ta-lai-sach Song-giang-sach Cay-sung-sach	Pas de canton ni de ly.

N° d'ordre	NOMS des CANTONS MOÏS	NOMS DES LY	NOMS DES SACH	OBSERVATIONS
			Moïs de Nha-tranh (phu de Gieng-khanh).	
			Cu-lue-sach Ca-lam-sach Ta-huong-sach Dong-tre-sach	
			Moïs de Ha-de (phu de Gieng-khanh).	
1°			Hoanh-sach Hoi-huong-sach	Pas de canton ni de ly
			Moïs de Binh-nguyen (huyen de Tan-dinh).	
1°			Che-trang-sach Lang-lo-sach Ca-dong-sach Ca-tuan-sach Luc-van-sach A-si-sach La-vang-sach	Pas de canton ni de ly.

(B) KHANH-HOA

N⁰ˢ D'ORDRE	NOMS DES CANTONS MOÏS	NOMBRE DE LY	NOMBRE DE SACH	NOMBRE D'INSCRITS	IMPOTS EN DENIERS	IMPOTS EN NATURE
	I. — Moïs de Phan-rang (huyen de An-phuoc)					
1°	Ninh-gia..	3	12	79	59 lig. 8 tiens	1 livre de corne de rhinocéros (valeur 125 ligat.) et 28 livres 2 onces de fer valeur 15 ligatures.
2°	Tu-tra.	4	20	159	76 lig. 6 tiens	80 livres 12 onces de fer (valeur 45 ligat.) 40 livres d'ivoire (valeur 120 ligat.) et 1 livre de corne de rhinocéros (valeur 124 ligatures).
3°	Tra-dzuong..	4	13	14	144 lig. 1 tiens	88 livres de fer (valeur 50 ligatures.)
4°	E-lam	3	14	176	183 lig. 5 tiens	3 livres 5 onces de cire (valeur 30 ligatures).
	Total.....	14	59	428	464 ligatures.	Corne de rhinocéros : 2 livres, Ivoire : 40 livres. Cire : 3 livres 5 onces. Fer : 196 ligatures, 14 onces. Représentés par une valeur de 480 ligatures

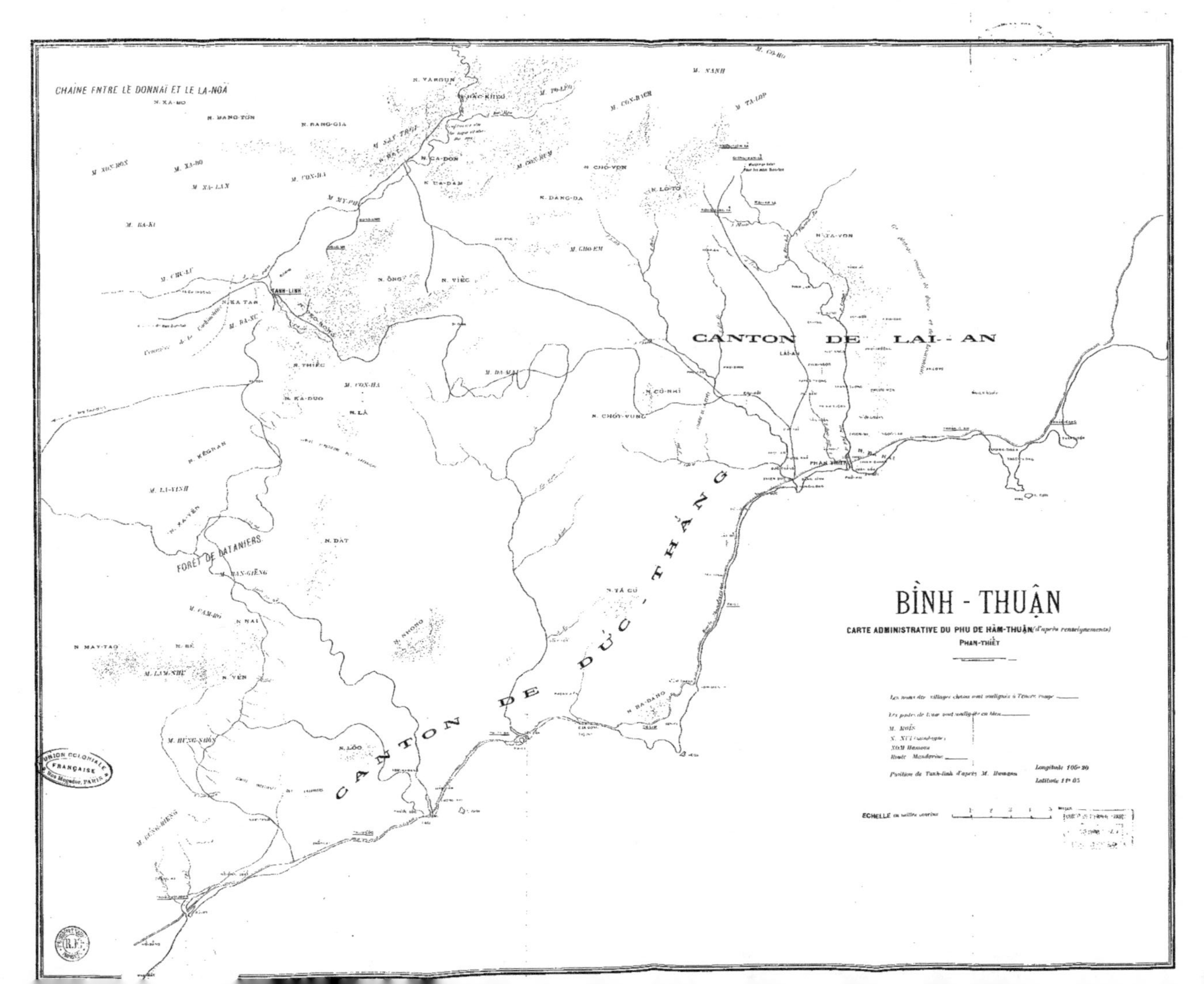

BÌNH - THUẬN
CARTE ADMINISTRATIVE DU PHU DE HÀM-THUẬN (d'après renseignements)
PHAN-THIẾT
Les noms des villages chrétiens sont soulignés à l'encre rouge
Les postes de tirailleurs sont soulignés en bleu
M. MOÏS
N. NUI (montagne)
XOM Hameau
Route Mandarine
Position de Tanh-linh d'après M. Hansson
Longitude 106° 20
Latitude 11° 05
ECHELLE en milles marins
CHAINE ENTRE LE DONNAI ET LE LA-NOA
CANTON DE LAI - AN
CANTON DE ĐỨC - THẮNG
FORÊT DE BATANIERS
UNION COLONIALE FRANÇAISE Rue Mogador, PARIS